LIEBE/R

WIR HABEN ES SEHR GENOSSEN
MIT DIR ZU ARBEITEN.

WIR WÜNSCHEN DIR
DAS BESTE FUR DEINE ZUKUNFT.

DU WIRST UNS FEHLEN.

DEIN(E)

SCHADE.
WER MACHT UNS DENN
JETZT KAFFEE? ;)

.... Platz für unsere Unterschriften

WIR WERDEN DICH VERMISSEN
(meistens)

Name _____

auch bekannt als _____

geschätztes Alter _____

meine offizielle Stellenbeschreibung _____

meine Abteilung _____

damit kann man mir eine Freude machen _____

das bringt mich zum Lachen _____

das finde ich anstrengend _____

Ich habe hier gearbeitet seit _____

das sind:

_____ Monate   _____ Tage   _____ Stunden

das kann ich besonders gut
_____

das habe ich hier gelernt
_____

so bin ich bei Feiern
_____

das mache ich nach Feierabend
_____

meine Reaktion, wenn das Telefon klingelt
_____

meine größte Macke
_____

das lenkt mich am öftesten ab
_____

meine Pausen-Dauer

| Boxenstopp muss reichen | durchschnittlich | gut Ding will Weile haben |

mein Plaudertaschen-Faktor

| stille Wasser sind tief | manchmal | kennt kein Ende |

mein Kaffee-Konsum

| brauch ich nicht | geht so | ohne geht nix |

Name / Spitzname

Mein Geburtstag:

Position:

(nicht) zuständig für:

So kannst du mich erreichen:

darüber freue ich mich:

Dahin würde ich mit dir eine Dienstreise machen

hier hat man dich meistens gefunden

für die Zukunft wünsche ich dir

vielen Dank für

das wird uns fehlen, wenn du weg bist

JETZT WIRD'S ERNST
was wir eigentlich über dich denken....

deine Jobbeschreibung sollte eigentlich lauten
_____

womit du eigentlich deine Tage verbringst
_____

darin bist du richtig gut
_____

diese Aufgaben schiebst du so lange auf, wie du kannst
_____

in einem anderen Leben hättest du diesen Beruf
_____

dein wichtigstes Werkzeug / Utensil
_____

ohne das kommst du nicht durch den Tag
_____

Mein Geburtstag:

_____

Position:

_____

(nicht) zuständig für:

_____

So kannst du mich erreichen:

_____

darüber freue ich mich:

_____

Name / Spitzname

Dahin würde ich mit dir eine Dienstreise machen

_____

hier hat man dich meistens gefunden

_____

für die Zukunft wünsche ich dir

_____

vielen Dank für

_____

das wird uns fehlen, wenn du weg bist

_____

JETZT WIRD'S ERNST
was wir eigentlich über dich denken....

deine Jobbeschreibung sollte eigentlich lauten
___

womit du eigentlich deine Tage verbringst
___

darin bist du richtig gut
___

diese Aufgaben schiebst du so lange auf, wie du kannst
___

in einem anderen Leben hättest du diesen Beruf
___

dein wichtigstes Werkzeug / Utensil
___

ohne das kommst du nicht durch den Tag
___

Name / Spitzname

Mein Geburtstag:

Position:

(nicht) zuständig für:

So kannst du mich erreichen:

darüber freue ich mich:

Dahin würde ich mit dir eine Dienstreise machen

hier hat man dich meistens gefunden

für die Zukunft wünsche ich dir

vielen Dank für

das wird uns fehlen, wenn du weg bist

JETZT WIRD'S ERNST
was wir eigentlich über dich denken....

deine Jobbeschreibung sollte eigentlich lauten
_____

womit du eigentlich deine Tage verbringst
_____

darin bist du richtig gut
_____

diese Aufgaben schiebst du so lange auf, wie du kannst
_____

in einem anderen Leben hättest du diesen Beruf
_____

dein wichtigstes Werkzeug / Utensil
_____

ohne das kommst du nicht durch den Tag
_____

Mein Geburtstag:

_____

Position:

_____

(nicht) zuständig für:

_____

So kannst du mich erreichen:

_____

darüber freue ich mich:

_____

Dahin würde ich mit dir eine Dienstreise machen

_____

hier hat man dich meistens gefunden

_____

für die Zukunft wünsche ich dir

_____

vielen Dank für

_____

das wird uns fehlen, wenn du weg bist

_____

Name / Spitzname

JETZT WIRD'S ERNST
was wir eigentlich über dich denken....

deine Jobbeschreibung sollte eigentlich lauten
_____

womit du eigentlich deine Tage verbringst
_____

darin bist du richtig gut
_____

diese Aufgaben schiebst du so lange auf, wie du kannst
_____

in einem anderen Leben hättest du diesen Beruf
_____

dein wichtigstes Werkzeug / Utensil
_____

ohne das kommst du nicht durch den Tag
_____

Name / Spitzname

Mein Geburtstag:
_____

Position:
_____

(nicht) zuständig für:
_____

So kannst du mich erreichen:
_____

darüber freue ich mich:
_____

Dahin würde ich mit dir eine Dienstreise machen
_____

hier hat man dich meistens gefunden
_____

für die Zukunft wünsche ich dir
_____

vielen Dank für
_____

das wird uns fehlen, wenn du weg bist
_____

JETZT WIRD'S ERNST
was wir eigentlich über dich denken....

deine Jobbeschreibung sollte eigentlich lauten
_____

womit du eigentlich deine Tage verbringst
_____

darin bist du richtig gut
_____

diese Aufgaben schiebst du so lange auf, wie du kannst
_____

in einem anderen Leben hättest du diesen Beruf
_____

dein wichtigstes Werkzeug / Utensil
_____

ohne das kommst du nicht durch den Tag
_____

Mein Geburtstag:

_____

Position:

_____

(nicht) zuständig für:

_____

So kannst du mich erreichen:

_____

darüber freue ich mich:

_____

Dahin würde ich mit dir eine Dienstreise machen

_____

hier hat man dich meistens gefunden

_____

für die Zukunft wünsche ich dir

_____

vielen Dank für

_____

das wird uns fehlen, wenn du weg bist

_____

Name / Spitzname

JETZT WIRD'S ERNST
was wir eigentlich über dich denken....

deine Jobbeschreibung sollte eigentlich lauten
_____

womit du eigentlich deine Tage verbringst
_____

darin bist du richtig gut
_____

diese Aufgaben schiebst du so lange auf, wie du kannst
_____

in einem anderen Leben hättest du diesen Beruf
_____

dein wichtigstes Werkzeug / Utensil
_____

ohne das kommst du nicht durch den Tag
_____

Name / Spitzname

Mein Geburtstag:

Position:

(nicht) zuständig für:

So kannst du mich erreichen:

darüber freue ich mich:

Dahin würde ich mit dir eine Dienstreise machen

hier hat man dich meistens gefunden

für die Zukunft wünsche ich dir

vielen Dank für

das wird uns fehlen, wenn du weg bist

JETZT WIRD'S ERNST
was wir eigentlich über dich denken....

deine Jobbeschreibung sollte eigentlich lauten
_____

womit du eigentlich deine Tage verbringst
_____

darin bist du richtig gut
_____

diese Aufgaben schiebst du so lange auf, wie du kannst
_____

in einem anderen Leben hättest du diesen Beruf
_____

dein wichtigstes Werkzeug / Utensil
_____

ohne das kommst du nicht durch den Tag
_____

Mein Geburtstag:

_____

Position:

_____

(nicht) zuständig für:

_____

So kannst du mich erreichen:

_____

darüber freue ich mich:

_____

Name / Spitzname

Dahin würde ich mit dir eine Dienstreise machen

_____

hier hat man dich meistens gefunden

_____

für die Zukunft wünsche ich dir

_____

vielen Dank für

_____

das wird uns fehlen, wenn du weg bist

_____

JETZT WIRD'S ERNST
was wir eigentlich über dich denken....

deine Jobbeschreibung sollte eigentlich lauten
_____

womit du eigentlich deine Tage verbringst
_____

darin bist du richtig gut
_____

diese Aufgaben schiebst du so lange auf, wie du kannst
_____

in einem anderen Leben hättest du diesen Beruf
_____

dein wichtigstes Werkzeug / Utensil
_____

ohne das kommst du nicht durch den Tag
_____

Name / Spitzname

Mein Geburtstag:

Position:

(nicht) zuständig für:

So kannst du mich erreichen:

darüber freue ich mich:

Dahin würde ich mit dir eine Dienstreise machen

hier hat man dich meistens gefunden

für die Zukunft wünsche ich dir

vielen Dank für

das wird uns fehlen, wenn du weg bist

JETZT WIRD'S ERNST
was wir eigentlich über dich denken....

deine Jobbeschreibung sollte eigentlich lauten
_____

womit du eigentlich deine Tage verbringst
_____

darin bist du richtig gut
_____

diese Aufgaben schiebst du so lange auf, wie du kannst
_____

in einem anderen Leben hättest du diesen Beruf
_____

dein wichtigstes Werkzeug / Utensil
_____

ohne das kommst du nicht durch den Tag
_____

Mein Geburtstag:

_____

Position:

_____

(nicht) zuständig für:

_____

So kannst du mich erreichen:

_____

darüber freue ich mich:

_____

Dahin würde ich mit dir eine Dienstreise machen

_____

hier hat man dich meistens gefunden

_____

für die Zukunft wünsche ich dir

_____

vielen Dank für

_____

das wird uns fehlen, wenn du weg bist

_____

Name / Spitzname

JETZT WIRD'S ERNST
was wir eigentlich über dich denken....

deine Jobbeschreibung sollte eigentlich lauten

_____

womit du eigentlich deine Tage verbringst

_____

darin bist du richtig gut

_____

diese Aufgaben schiebst du so lange auf, wie du kannst

_____

in einem anderen Leben hättest du diesen Beruf

_____

dein wichtigstes Werkzeug / Utensil

_____

ohne das kommst du nicht durch den Tag

_____

Name / Spitzname

Mein Geburtstag:

Position:

(nicht) zuständig für:

So kannst du mich erreichen:

darüber freue ich mich:

Dahin würde ich mit dir eine Dienstreise machen

hier hat man dich meistens gefunden

für die Zukunft wünsche ich dir

vielen Dank für

das wird uns fehlen, wenn du weg bist

JETZT WIRD'S ERNST
was wir eigentlich über dich denken....

deine Jobbeschreibung sollte eigentlich lauten
___

womit du eigentlich deine Tage verbringst
___

darin bist du richtig gut
___

diese Aufgaben schiebst du so lange auf, wie du kannst
___

in einem anderen Leben hättest du diesen Beruf
___

dein wichtigstes Werkzeug / Utensil
___

ohne das kommst du nicht durch den Tag
___

Mein Geburtstag:

_____

Position:

_____

(nicht) zuständig für:

_____

So kannst du mich erreichen:

_____

darüber freue ich mich:

_____

Name / Spitzname

Dahin würde ich mit dir eine Dienstreise machen

_____

hier hat man dich meistens gefunden

_____

für die Zukunft wünsche ich dir

_____

vielen Dank für

_____

das wird uns fehlen, wenn du weg bist

_____

JETZT WIRD'S ERNST
was wir eigentlich über dich denken....

deine Jobbeschreibung sollte eigentlich lauten

_____

womit du eigentlich deine Tage verbringst

_____

darin bist du richtig gut

_____

diese Aufgaben schiebst du so lange auf, wie du kannst

_____

in einem anderen Leben hättest du diesen Beruf

_____

dein wichtigstes Werkzeug / Utensil

_____

ohne das kommst du nicht durch den Tag

_____

Name / Spitzname

Mein Geburtstag:

Position:

(nicht) zuständig für:

So kannst du mich erreichen:

darüber freue ich mich:

Dahin würde ich mit dir eine Dienstreise machen

hier hat man dich meistens gefunden

für die Zukunft wünsche ich dir

vielen Dank für

das wird uns fehlen, wenn du weg bist

JETZT WIRD'S ERNST
was wir eigentlich über dich denken....

deine Jobbeschreibung sollte eigentlich lauten

_____

womit du eigentlich deine Tage verbringst

_____

darin bist du richtig gut

_____

diese Aufgaben schiebst du so lange auf, wie du kannst

_____

in einem anderen Leben hättest du diesen Beruf

_____

dein wichtigstes Werkzeug / Utensil

_____

ohne das kommst du nicht durch den Tag

_____

Mein Geburtstag:

_____

Position:

_____

(nicht) zuständig für:

_____

So kannst du mich erreichen:

_____

darüber freue ich mich:

_____

Dahin würde ich mit dir eine Dienstreise machen

_____

hier hat man dich meistens gefunden

_____

für die Zukunft wünsche ich dir

_____

vielen Dank für

_____

das wird uns fehlen, wenn du weg bist

_____

Name / Spitzname

JETZT WIRD'S ERNST
was wir eigentlich über dich denken....

deine Jobbeschreibung sollte eigentlich lauten
___

womit du eigentlich deine Tage verbringst
___

darin bist du richtig gut
___

diese Aufgaben schiebst du so lange auf, wie du kannst
___

in einem anderen Leben hättest du diesen Beruf
___

dein wichtigstes Werkzeug / Utensil
___

ohne das kommst du nicht durch den Tag
___

Name / Spitzname

Mein Geburtstag:

Position:

(nicht) zuständig für:

So kannst du mich erreichen:

darüber freue ich mich:

Dahin würde ich mit dir eine Dienstreise machen

hier hat man dich meistens gefunden

für die Zukunft wünsche ich dir

vielen Dank für

das wird uns fehlen, wenn du weg bist

JETZT WIRD'S ERNST
was wir eigentlich über dich denken....

deine Jobbeschreibung sollte eigentlich lauten
_____

womit du eigentlich deine Tage verbringst
_____

darin bist du richtig gut
_____

diese Aufgaben schiebst du so lange auf, wie du kannst
_____

in einem anderen Leben hättest du diesen Beruf
_____

dein wichtigstes Werkzeug / Utensil
_____

ohne das kommst du nicht durch den Tag
_____

Mein Geburtstag:

_____

Position:

_____

(nicht) zuständig für:

_____

So kannst du mich erreichen:

_____

darüber freue ich mich:

_____

Name / Spitzname

Dahin würde ich mit dir eine Dienstreise machen

_____

hier hat man dich meistens gefunden

_____

für die Zukunft wünsche ich dir

_____

vielen Dank für

_____

das wird uns fehlen, wenn du weg bist

_____

JETZT WIRD'S ERNST

was wir eigentlich über dich denken....

deine Jobbeschreibung sollte eigentlich lauten

_____

womit du eigentlich deine Tage verbringst

_____

darin bist du richtig gut

_____

diese Aufgaben schiebst du so lange auf, wie du kannst

_____

in einem anderen Leben hättest du diesen Beruf

_____

dein wichtigstes Werkzeug / Utensil

_____

ohne das kommst du nicht durch den Tag

_____

Name / Spitzname

Mein Geburtstag:

Position:

(nicht) zuständig für:

So kannst du mich erreichen:

darüber freue ich mich:

Dahin würde ich mit dir eine Dienstreise machen

hier hat man dich meistens gefunden

für die Zukunft wünsche ich dir

vielen Dank für

das wird uns fehlen, wenn du weg bist

JETZT WIRD'S ERNST
was wir eigentlich über dich denken....

deine Jobbeschreibung sollte eigentlich lauten

_____

womit du eigentlich deine Tage verbringst

_____

darin bist du richtig gut

_____

diese Aufgaben schiebst du so lange auf, wie du kannst

_____

in einem anderen Leben hättest du diesen Beruf

_____

dein wichtigstes Werkzeug / Utensil

_____

ohne das kommst du nicht durch den Tag

_____

Mein Geburtstag:

_____

Position:

_____

(nicht) zuständig für:

_____

So kannst du mich erreichen:

_____

darüber freue ich mich:

_____

Name / Spitzname

Dahin würde ich mit dir eine Dienstreise machen

_____

hier hat man dich meistens gefunden

_____

für die Zukunft wünsche ich dir

_____

vielen Dank für

_____

das wird uns fehlen, wenn du weg bist

_____

JETZT WIRD'S ERNST
was wir eigentlich über dich denken....

deine Jobbeschreibung sollte eigentlich lauten

_____

womit du eigentlich deine Tage verbringst

_____

darin bist du richtig gut

_____

diese Aufgaben schiebst du so lange auf, wie du kannst

_____

in einem anderen Leben hättest du diesen Beruf

_____

dein wichtigstes Werkzeug / Utensil

_____

ohne das kommst du nicht durch den Tag

_____

DU UND WIR.

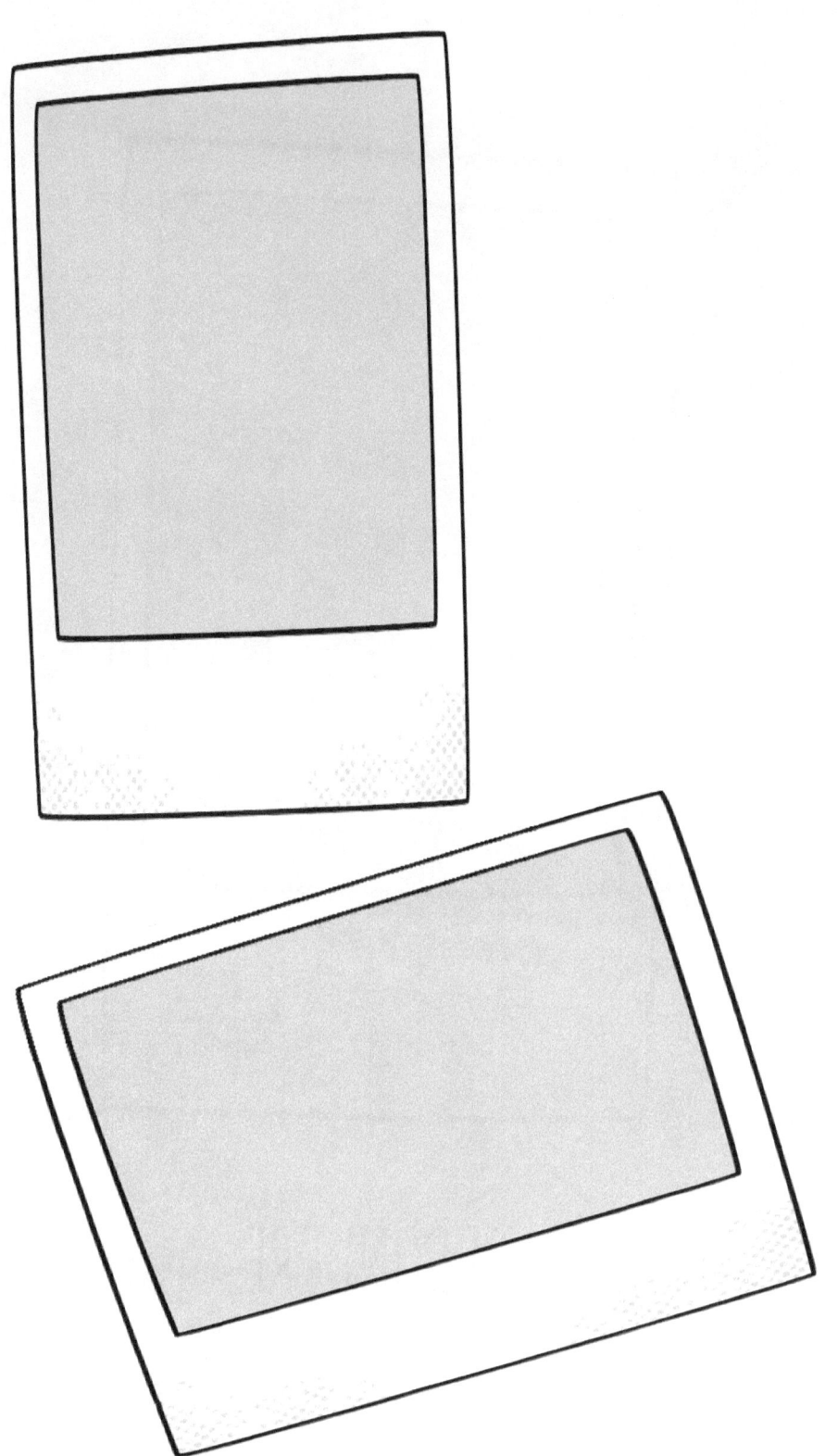

BESONDERE ERINNERUNGEN

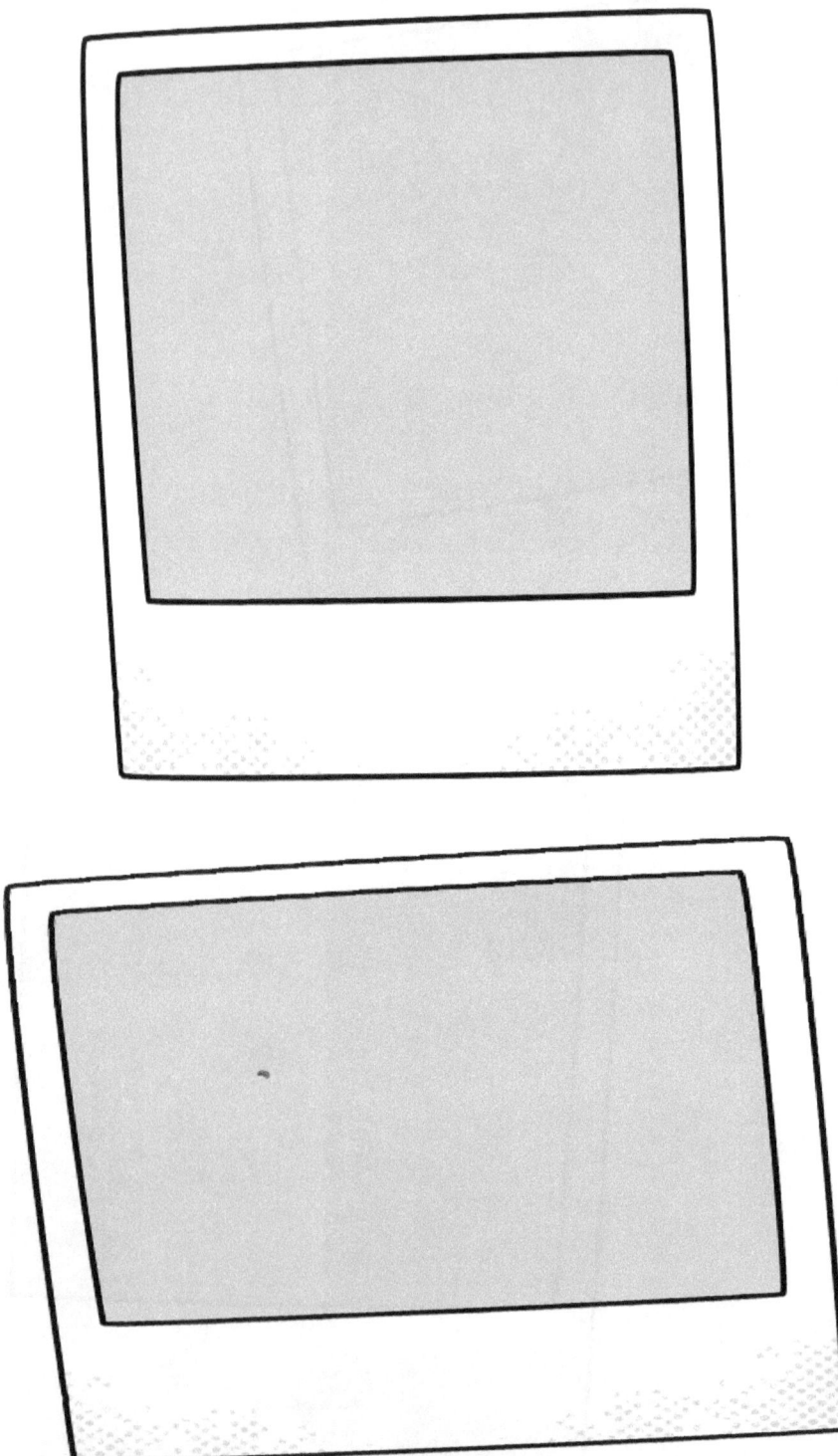

www.ingramcontent.com/pod-product-compliance
Lightning Source LLC
Chambersburg PA
CBHW030535220526
45463CB00007B/2847